Frohe Weihnachten

Bibliografische Information der Deutschen Nationalbibliothek: Die Deutsche Nationalbibliothek
verzeichnet diese Publikation in der Deutschen Nationalbibliografie; detaillierte bibliografische Daten sind im Internet über www.dnb.de abrufbar.

Deutsche Erstausgabe

© Oktober 2015 Liane Spindler

Herstellung und Verlag:

BoD – Books on Demand, Norderstedt

ISBN: 9783738654127

Liane Spindler

GEDICHTE FÜR DEN WEIHNACHTSMANN

Draußen schneit's, es ist so kalt,
und du stapfst durch den Winterwald.
Du klopfst an uns're Türe an
und stellst dich vor als Weihnachtsmann.

Ein Lachen huscht durch mein Gesicht.
So strahlen sieht man mich sonst nicht.
Ich pfeife dir ein Liedchen vor
und die Familie singt im Chor.

Du lachst und freust dich, setzt dich nieder,
und willst noch mehr der schönen Lieder.
Dann packst du die Geschenke aus
und stapfst hinaus, zum nächsten Haus.

Weihnachtsmann, komm herein.
Tritt mit einem Lächeln ein.
Mach's dir gemütlich auf dem Stuhl.
Dass du hier bist, ist echt cool.

Hoffnung, Friede, Heiterkeit,
gute Laune zu jeder Zeit,
ein Hobby, das mich glücklich macht,
das wünsche ich mir zur Weihnachtsnacht.

Im Frühjahr ruhst du dich mal aus.
Im Sommer gehst du aus dem Haus.
Im Herbst beginnt der Spielzeugbau.
Im Winter stellst du es zur Schau.

Lieber, guter Weihnachtsmann,
ich wünsche mir heute nix.
Ich spiele lieber im Schnee mit dir
und werfe dich ab, ganz fix.

Beginne den Tag mit einem Lächeln
und schau in den Spiegel dabei.
Öffne dein Herz an jedem Morgen,
so bricht es nie entzwei.
Tanze, singe, lache und schwebe,
sei stets für Spaß bereit.
Beherzigst du das so oft es geht,
ist immer Weihnachtszeit.

Ich wünsche mir herbei,
ein Häuschen - eins, zwei, drei.
Ein richtiges Chalet,
das steht mitten im Schnee.
Dazu ein Pferd und eine Kutsche
und eine riesengroße Rutsche.

Heute kommt der Weihnachtsmann,
heut' feiern wir ein Fest
und knabbern viele Nüsse,
wenn uns die Mama lässt.

Wir singen laute Lieder
und tanzen um den Baum.
Wir verbreiten Weihnachtsduft
und erhellen den Raum.

Als Weihnachtsmann kommst du ins Haus,
als Père Noël und Santa Claus.
Du trägst der Namen wirklich viele,
doch hast du stets dieselben Ziele.
Du willst die Kinder glücklich machen
und genießt ihr frohes Lachen.

Der Weihnachtsmann, der Weihnachtsmann,
der Weihnachtsmann ist da.
Die Kinder sind ganz aus dem Häuschen
und rufen laut: „Hurra".

Die Augen strahlen, die Kinder lachen
und alle sind gespannt.
Die vielen, bunten Kerzen
sind schon halb abgebrannt.

Nun gibt es die Geschenke
und alle freuen sich sehr.
Es dauert gar nicht lange,
da ist der Sack schon leer.

Weihnachtsmann und Christkindlein,
kommt in die gute Stube rein.
Macht's euch gemütlich und bequem,
ich werd' mir derweil die Geschenke ansehen.

Am Heiligen Abend sitzen wir zusammen
unterm leuchtenden Tannenbaum.
Wir singen fröhliche Weihnachtslieder
und teilen einen Traum.

Wir wünschen uns das Christkind herbei,
mit Flügeln so weiß wie der Schnee.
Und hat es uns im Stillen besucht,
sagen wir wieder Ade.

Leuchtende Kugeln am Weihnachtsbaum,
Kerzenschein überall,
fröhliche Kinder mit strahlenden Augen
und Musik wie auf einem Ball,
große Geschenke und kleine Gaben,
leckere Plätzchen im Mund,
sag, lieber Weihnachtsmann, ist das nicht toll?
Nur so läuft's an Weihnachten rund.

Ich hörte heute die Engelein singen,
sie sagten, du willst mir etwas bringen.
Sie sprachen von einem großen Paket,
auf dem ganz deutlich mein Name steht.

Sag, hast du das große Paket dabei?
Oder sind es vielleicht sogar zwei oder drei?
Du kannst sie mir ruhig auf einmal geben.
Ich bin schon stark und kann sie heben.

In Frankreich heißt du Père Noël,
in Amerika Santa Claus,
in Deutschland heißt du Weihnachtsmann
und kommst zu uns nach Haus.

Du bringst uns die Geschenke
in einem großen Sack.
Und weil der Sack so schwer ist,
trägst du ihn huckepack.

Ich freue mich auf Weihnachten,
da kommt der Weihnachtsmann.
Er bringt mir die Geschenke,
mit denen ich spielen kann.

Heute ist die Weihnachtsnacht,
heut' singen wir mit dir.
Das Fest wär' nicht dasselbe,
wärst du heute nicht hier.

Der Weihnachtsmann, der ist gut drauf.
Er legt 'ne Sohle aufs Parkett.
Er fordert uns zum Tanzen auf
und lacht dabei so nett.

Mit dem Schlitten übers Eis,
die Straßen sind schon alle weiß.
Durch bunte Lichter fahren wir,
dicht bis vor die Weihnachtstür.

Ich klopf' ganz leise und ganz sacht.
Wer öffnet uns da mit Bedacht?
Der Weihnachtsmann, er gibt uns Kuchen,
so dass wir ihn sehr gern besuchen.

Ich wünsche mir vom Weihnachtsmann
einen Ball, mit dem ich spielen kann,
Musik, die mich zum Tanzen bringt,
ein Vöglein, das nur für mich singt,
dazu noch eine Spielzeugbahn
und statt 'nem Wecker einen Hahn.
Ein Pferdchen, das wär' auch ganz klasse,
und für den Tee 'ne schöne Tasse.

Der Weihnachtstag ist da,
wir rufen laut: „Hurra".
Wir schmücken schnell den Baum,
verzaubern jeden Raum.

Ein Malbuch und ein Radio,
ein Handy und ein eigenes Klo,
ein Skateboard und ein Kuscheltier,
ja, das alles wünsche ich mir.

Der Weihnachtsmann, der schneit herein,
er möchte heute gern bei uns sein.
Geschenke trägt er huckepack,
in einem großen Zaubersack.

Schnee fällt, die Nacht ist still,
und alles schläft und träumt.
Die ganzen Häuser und der Wald
sind vom Schnee umsäumt.

Leise geht die Sonne auf,
das erste Tier erwacht.
Behutsam stapft es durch den Schnee,
ganz sanft und mit Bedacht.

Es ist der große, stolze Hahn,
er klettert auf das Dach.
Er kündigt krähend die Weihnacht an,
davon wird jeder wach.

Mit lachenden Gesichtern
und Vorfreude im Bauch
verlassen sie die Betten.
Und du? Freust du dich auch?

Das Christkind singt ein frohes Lied,
der Weihnachtsmann stimmt ein,
es läuten sanft die Glocken
und alle kommen herein.

Den Raum erhellen die Kerzen,
die Kinder lachen laut,
es duftet schön nach Plätzchen,
der Baum ist aufgebaut.

Und so beginnt das Weihnachtsfest,
die Lichter leuchten bunt.
Wir wünschen eine schöne Zeit,
habt Spaß und bleibt gesund.

Einen bunten Kuschelbären
wünsch' ich mir so sehr.
Und wenn ich ihn bekomme,
geb' ich ihn nie mehr her.

Geschichten unterm Tannenbaum,
Weihnachtsduft im ganzen Raum,
helle Lichter, bunte Kerzen,
Kinder, die von Herzen scherzen,
all das gehört zur Weihnachtszeit,
welch wunderbare Festlichkeit.

Der liebe, gute Weihnachtsmann,
der kommt heute hierher.
Er bringt mir eine DVD,
ein Kuscheltier und mehr.

Er fliegt auf seinem Schlitten her,
mit Rentieren vorn dran.
Ich freu' mich sehr, ihn bald zu sehen,
den lieben Weihnachtsmann.

Weihnachtsfriede in der Welt,
für alle Menschen genug Geld,
leckeres Obst auf jedem Tisch,
in jedem Teich ein goldener Fisch,
Vögel, die von Herzen singen,
Eltern, die das Tanzbein schwingen,
und für mich ein Schmusetier,
ja, das alles wünsche ich mir.

Hurra, hurra, hurra,
der Weihnachtsmann ist da.

Wir haben schon darauf gewartet,
dass das Weihnachtsfest endlich startet.

Nun können wir fröhliche Lieder singen
und du kannst uns deine Geschenke bringen.

Ho, ho, ho, wer ist denn da?
Bist du der Weihnachtsmann?
Mit einem Sack voll Spielzeug,
den keiner sonst tragen kann?

Komm setz dich hin und ruh' dich aus,
stell ab den vollen Sack.
Trink einen Tee, iss einen Keks,
mach mit uns Schabernack.

Wir wollen mit dir singen,
hör nur wie gut es klingt.
Und wenn du nachher weiter fährst,
bist du noch ganz beschwingt.

Sieh am Himmel die Wolkenpracht,
leuchtender Schnee in der Weihnachtsnacht,
wie sanft und leise Flöckchen rieseln
und Eiskristalle auf uns nieseln.

Weihnachtsmann und Weihnachtsfrau
gehen im Wald spazieren.
Sie kommen vorbei am Hexenhaus
und an vielen Tieren.

Sie waten durch den tiefen Schnee
und laufen bis zum See.
Dort kehren sie ein ins Zauberschloss
und besuchen die gute Fee.

Stimmungsvolle Musik
tönt aus dem Radio.
Ich singe jedes Lied mit,
das macht mich wahrlich froh.

Dazu passen noch Lichter
und heller Kerzenschein,
damit erleucht' ich jeden Raum,
so soll's zur Weihnacht sein.

Am Weihnachtsabend sitze ich hier
zusammen mit meinem Kuscheltier.
Ich knabbere Nüsse und trinke Tee,
während ich aus dem Fenster seh'.

Da blitzt es hell am Himmel auf,
es donnert laut und kracht.
Vor mir erscheint der Weihnachtsmann,
der froh und herzhaft lacht.

Draußen weht der Wind,
ein Schlitten kommt geschwind.
Er bremst vor unserem Haus,
wir laufen schnell hinaus.

Der Weihnachtsmann ist da.
Wir rufen laut: „Hurra".
Wir drücken ihn ganz feste,
denn er ist echt der Beste.

Lieber, guter Weihnachtsmann,
ich mag dich wirklich sehr.
Dass du heute hier bist,
freut mich daher umso mehr.
Ich hoffe, du kommst jedes Jahr
am Weihnachtstag zurück,
denn dich einmal zu knuddeln,
das bringt mir großes Glück.

Ho, ho, ho, wer kommt denn da?
Der liebe Weihnachtsmann.
Mit seinem großen Schlitten
hält er vorm Hause an.

Geschenke hat er auch bei sich
und Lieder auf den Lippen.
Wir können zwar nicht mitsingen,
doch rhythmisch dazu wippen.

Mit schneebedeckter Mütze
und kuschelwarmem Schal
fährt der liebe Weihnachtsmann
den Berg hinab ins Tal.

Er kommt auf seinem Schlitten,
hält Glöckchen in der Hand.
Er bringt die Weihnachtsfreude
hinein ins ganze Land.

Weihnachten ist, wenn es draußen schneit
und mindestens ein Kindlein schreit,
wenn überall die Lichter brennen
und alle nach Geschenken rennen,
wenn Weihnachtsduft liegt in der Luft
und es aus dem Schornstein pufft,
wenn hier und da ein Lied erklingt
und auch der Weihnachtsmuffel singt,
wenn jeder kommt von weit und breit,
ja dann ist wieder Weihnachtszeit.

Einen Schneemann baue ich heut',
damit der Weihnachtsmann sich freut.
Auf den Kopf setze ich 'nen Hut,
der steht dem Schneemann wirklich gut.

Engelein und Glitzerfeen
kann ich nur zur Weihnacht seh'n.
Darum ist diese Nacht so schön.
Ich wünschte, sie würde nie vergehen.

Ein Bäumchen pflanz' ich zur Weihnachtszeit,
einen schönen Tannenbaum,
und wenn er richtig groß ist,
schmückt er den ganzen Raum.

In meinem schönen Garten,
da liegt der weiße Schnee.
Nur ein paar Schritte weiter
funkelt das Eis auf dem See.

Daneben stehen lauter Bäume,
mit Kronen, die glitzern so hell,
und durch diese friedliche Landschaft
schleichen Tiere mit glänzendem Fell.

Es war einmal ein Christkindlein,
das hatte einen Markt,
bestimmt hast du davon gehört,
es ist der Christkindlesmarkt.

Weihnachten ist jedes Jahr
ganz wunderbar.
Die Stimmung ist gut, die Kinder lachen,
der Weihnachtsmann bringt tolle Sachen.
Das freut mein Herz, das macht mich froh,
ich hoffe, dir geht's ebenso.

Glaubst du an den Weihnachtsmann,
das fragt mich jedes Kind.
Ich gucke es ganz staunend an
und antworte geschwind:
„Ja, ich glaub ganz fest an ihn,
den großen Santa Claus.
Denn gäbe es keinen Weihnachtsmann
wäre das wirklich ein Graus.

Er kommt mit einem Schlitten an,
der liebe, gute Weihnachtsmann.
Geschenke packt er fröhlich aus
und fährt weiter zum nächsten Haus.

Die Kinder stehen schon bereit,
der Weihnachtsmann ist nicht mehr weit,
die Welt ist voller Herrlichkeit,
sie ist so schön, die Weihnachtszeit.

Du kommst vom hohen Norden,
bringst uns Geschenke her,
du fliegst dabei so schnell du kannst,
das freut uns wirklich sehr.

Weihnachtszauber erfüllt den Raum,
strahlend leuchtet unser Baum,
froh ertönt Muttis Gesang,
ja, jetzt dauert es nicht mehr lang.

Bald höre ich die Glöckchen klingen
und auch Vati Lieder singen.
Stimme ich lauthals mit ein,
kommt der Weihnachtsmann herein.

Ich schmücke meinen Tannenbaum,
stelle Kerzen in den ganzen Raum.
Im Radio laufen Weihnachtslieder.
Ich singe mit, so hin und wieder.

Dann backe ich leckere Weihnachtsplätzchen
und streichle zwischendurch mein Kätzchen.
Setze ich mich hin und ruh' mich aus,
duftet es im ganzen Haus.

Der liebe, gute Weihnachtsmann,
der lässt uns ganz schön warten.
Steckt er etwa im Schornstein fest
oder versteckt er sich im Garten?

Ho, ho, ho, wer kommt denn da?
Der Weihnachtsmann ist ziemlich nah.
Er stapft durch tiefen, weißen Schnee.
Die Spuren ich schon deutlich seh'.

Nun klopft es an der Türe laut.
Er prüft, ob wer durchs Fenster schaut.
Er lächelt freundlich und kommt rein,
da freuen sich die Kinderlein.

Eine Kerze zünde ich an,
für den lieben Weihnachtsmann.
Sie leuchtet ihm die ganze Nacht,
bis er hat sein Werk vollbracht.

Weihnachtsmann, Weihnachtsmann,
ich zeige dir mal, was ich kann.
Ich kann hüpfen wie ein Hase,
ich kann schnuppern mit der Nase.
Ich kann tanzen wie ein Bär
und bald kann ich bestimmt noch mehr.

Im Winter schneit's, das ist doch klar.
Mit Sonnenschein ist's wunderbar.
Komm Schlitten fahren
und Schneemann bauen
und durch die Glitzerfenster schauen.

Im Norden wohnt der Weihnachtsmann,
ob er da auch mal wegfahren kann?
Zum Beispiel in den wilden Westen,
um sich als Cowboy auszutesten.
Oder er fährt in den Osten,
dort kann er leckeres Essen kosten.
Der Süden, der bringt ihn zum Lachen,
will er mal richtig Urlaub machen.
Vielleicht geht er auch nicht auf Reisen
und genießt den Schnee, den leisen.

Wo warst du nur das ganze Jahr?
Hier ist es doch so wunderbar.
Bleib doch diesmal einfach hier,
ich leih' dir auch mein Kuscheltier.

Heute stehe ich gerne auf,
denn es ist Weihnachtstag.
Die Luft duftet nach Schnee,
genau wie ich es mag.

Musik erklingt, die Welt ist froh,
die Lichter leuchten hell.
Jetzt fehlt nur noch der Weihnachtsmann.
Ich hoffe, er kommt schnell.

Funkelsterne, Glitzerzauber,
Glamour in der Nacht,
Flocken, die schimmern wie Diamanten,
rieseln vom Himmel ganz sacht.

Streckst du dein Näschen in die Höh',
riechst du den Weihnachtsduft.
So schön ist es zur Weihnachtszeit,
Magie liegt in der Luft.

Bisher erschienen:

ISBN-13: 978-3735719638

Mit dem Buch
'Glückwünsche und Sprüche für feierliche Anlässe'
sind Sie bestens gewappnet für all die Feste,
die jedes Jahr aufs Neue anfallen. Egal ob Valentinstag,
Ostern, Muttertag, Vatertag, Hochzeit, Geburt, Geburtstag,
Einschulung, Weihnachten oder Neujahr - für jeden Anlass
ist ein Spruch dabei, den Sie mündlich vortragen oder in
eine schöne Grußkarte schreiben können.

ISBN-13: 978-3734775598

Gehen Sie zu einer Wohnungseinweihung, möchten Sie zum Schulabschluss gratulieren oder Ihrem Schatz zum Hochzeitstag eine Liebeserklärung ins Ohr flüstern?
Mit dem Buch 'Glückwünsche und Sprüche für besondere Anlässe' haben Sie für jedes Ereignis die passenden Worte.
Im Buch enthalten sind Glückwünsche und Sprüche zur Jugendweihe, zum Schulabschluss, zum Abschied, zum Führerschein, zum Einzug/Umzug, zur Genesung, zum Hochzeitstag, zur silbernen/goldenen Hochzeit, zum Beruf und zur Rente.

ISBN-13: 978-3734784682

Fritz und Rudi sind zwei junge Hunde, die am liebsten im Garten spielen. Auch heute sind die beiden im Garten und wollen gerade ein Loch am Zaun buddeln. Doch plötzlich hören sie ein Rascheln im Gebüsch.

ISBN-13: 978-3734799976

Die zwei jungen Hunde, Fritz und Rudi, helfen
dem verzauberten Marienkäfer Paul bei der Suche nach
seinem Zauberhaus. Begleite die drei auf ihrer Reise und
male die Geschichte bunt an.